AF306483

IL MARKETING MIX

INFORMAZIONI CHIAVE

- **Nomi:** marketing mix, marketing-mix, marketing mix policy.

- **Utilizzi:** il marketing mix è uno strumento fondamentale per le decisioni di marketing.

- **Perché ha successo?** Il modello riassume tutti gli strumenti a disposizione dei marketer per prendere decisioni.

- **Parole chiave:** prodotto, prezzo, luogo, promozione, mercato target.

INTRODUZIONE

La storia

Il termine "marketing mix" è apparso per la prima volta nell'articolo intitolato "The Concept of the Marketing Mix" (1948) scritto dal teorico Neil H. Borden (1895-1980), professore di marketing e pubblicità alla Harvard Business School. Egli stesso affermò di essersi ispirato alle ricerche di James W. Culliton (1912-2004), che descriveva il ruolo dei marketing manager come "miscelatori di ingredienti" e propose in questa fase un elenco di dodici elementi del marketing mix industriale. Nel 1960, il professor Jerome McCarthy (nato nel 1928) sviluppò la

IL MARKETING MIX

Padroneggiare le 4 P del marketing

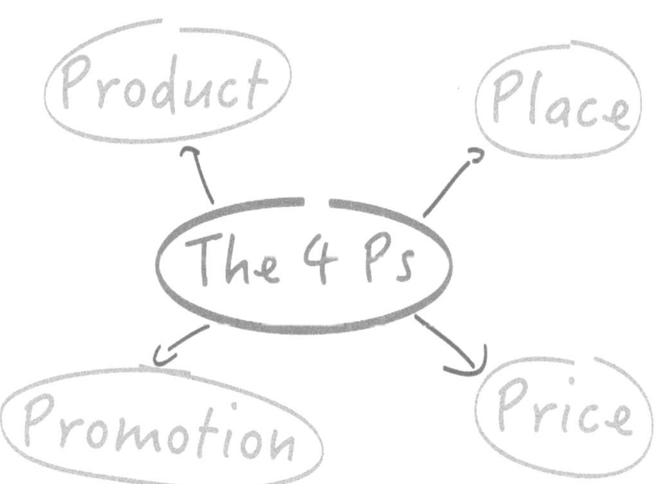

IL MARKETING MIX

Padroneggiare le 4 P del marketing

scritto da Morgane Kubicki
tradotto par Sara Rossi

teoria di Borden e mantenne quattro punti principali, ovvero le 4 P (prodotto, prezzo, luogo e promozione) nel suo libro *Basic Marketing: A Managerial Approach*. La caratteristica mnemonica di questo approccio ha contribuito al suo successo che lo ha reso uno degli strumenti più utilizzati dagli esperti di marketing. Il marketing mix e le 4 P del marketing sono spesso usati per esprimere la stessa idea, anche se non sono propriamente sinonimi. Il marketing mix è un concetto che descrive le fasi e le scelte che le aziende o i marchi devono compiere durante il processo di ingresso in un mercato con un prodotto o un servizio; mentre il modello delle 4 P è probabilmente il modo più noto di definire il marketing mix.

Definizione del modello

Il marketing mix è un concetto di marketing che comprende tutti gli strumenti a disposizione degli chi lavora nel settore per sviluppare azioni efficaci e raggiungere gli obiettivi di penetrazione delle vendite in un mercato target.

TEORIA

OBIETTIVI DEL MODELLO

Il marketing mix comprende tutte le decisioni e le azioni di marketing adottate per garantire il successo di un prodotto, di un servizio o di un marchio nel suo mercato.

Il primo passo decisivo nel processo di marketing: è l'analisi di mercato. Una volta effettuata, il modello delle 4 P può essere utilizzato come un buon strumento decisionale per i marketer. Infatti, oltre a coprire tutti gli elementi su cui gli esperti di marketing possono concentrarsi, il modello è facile da usare. Anche il suo nome distintivo ha indubbiamente contribuito al suo successo. Questo sistema di classificazione è uno dei più utilizzati nel marketing mix, sia nei libri di testo che nella vita reale.

Più in generale, questo modello può essere utilizzato per aiutare il processo decisionale nel contesto di una nuova offerta sul mercato, così come per testare una strategia di marketing esistente.

CONTESTO E TEORICI

Il marketing mix è apparso in un momento in cui si è osservato un aumento significativo dei consumi. Durante il boom del dopoguerra (periodo di forte crescita economica tra la fine della Seconda Guerra Mondiale e la prima crisi petrolifera, vissuto nella maggior parte dei Paesi sviluppati nel periodo 1946-1973), si verificò un'esplosione dei consumi di massa. Prima di allora, il marketing veniva utilizzato semplicemente per comprendere le preferenze e il comportamento del consumatore; con l'avvento del marketing mix è stato poi possibile ottenere una visione complessiva del posizionamento di un determinato prodotto sul mercato. Sebbene questa teoria sia attribuita a McCarthy, che ha identificato le 4 P, in realtà si è ispirato all'elenco compilato da Neil Borden in "The Concept of the Marketing Mix". Il professore stesso ammette di essere stato influenzato dalle ricerche del suo socio, James Culliton, che descriveva il ruolo dei marketing manager come "miscelatori di ingredienti". In seguito, Philip Kotler (nato nel 1931), il padre del marketing moderno, ha ripreso il concetto delle 4 P e ne ha offerto una versione aggiornata nel suo libro più famoso, intitolato *Marketing Management* (in collaborazione con Kevin Deller, Delphine Manceau e Bernard Dubois).

Gli autori non erano tutti d'accordo sulla natura degli elementi del marketing mix. Neil Borden parlava di "procedure", ma oggi si preferiscono i termini "parametri", "strumenti" o "tool".

L'elenco originale di Neil Borden conteneva 12 elementi del marketing mix che dovrebbero essere presi in considerazione dal marketer:

- prodotto
- prezzo
- branding
- canali di distribuzione
- vendita personale (faccia a faccia)
- pubblicità
- promozioni
- imballaggio
- visualizzazioni
- assistenza
- manipolazione fisica
- accertamento dei fatti e analisi.

Nel frattempo, McCarthy suggerisce di raggruppare queste variabili in quattro categorie, o quattro leve d'azione:

- prodotto
- prezzo
- luogo
- promozione

In realtà, questi elenchi, composti da dodici o quattro elementi, comprendono tutti gli strumenti a disposizione di un'azienda per influenzare le vendite. Tuttavia, questa teoria non ha prove concrete e non garantisce in ogni caso il 100% di efficacia nel processo decisionale. La qualità della strategia di marketing implementata risiede nella rilevanza e nella coerenza tra i quattro elementi che compongono la teoria del marketing mix. In un certo senso, questo può essere riassunto come segue: il prodotto giusto, nel posto giusto, al prezzo giusto, al momento giusto. A tal fine, è necessario:

- creare un prodotto o un servizio che un particolare gruppo di persone desidera;

- venderlo in un luogo regolarmente frequentato da queste persone;

- commercializzarlo a un prezzo che corrisponda alle aspettative dei clienti;

- renderlo disponibile quando questi clienti lo desiderano.

Questo approccio è appropriato, ma non bisogna trascurare il notevole carico di lavoro richiesto per raccogliere tutti i dati utili, come le esigenze, le aspettative e il comportamento dei clienti. È ancora necessario determinare come produrre il bene o il servizio, a quale prezzo e quando commercializzarlo per ottimizzare le vendite. Questa idea richiede una conoscenza dettagliata del mercato di riferimento e qui entra in gioco l'analisi di mercato.

I COMPONENTI DEL MODELLO

Politica di prodotto

Un "prodotto" è un'offerta che soddisfa un bisogno in un mercato. In altre parole, un prodotto può essere un oggetto fisico o un servizio lanciato sul mercato per soddisfare il desiderio o il bisogno dopo l'acquisto e l'uso o il consumo. La politica di prodotto si riferisce, quindi, alla scelta delle caratteristiche dei beni o dei servizi offerti dall'azienda, in altre parole la natura, la qualità, le dimensioni, il design, ecc. Può anche includere decisioni relative al marchio, all'imballaggio, all'etichetta o alla gamma di prodotti.

Politica dei prezzi

Il prezzo è la somma di denaro che il consumatore deve spendere per acquistare il prodotto. La politica dei prezzi comprende i concetti di:

* prezzo fisso, cioè il prezzo offerto nei negozi

* sconti

* termini di pagamento

* condizioni di ritiro

* condizioni di credito.

Si tratta del processo di fissazione del prezzo di un prodotto o di fissazione dei prezzi all'interno di un intervallo. La politica dei prezzi non è fissa e può cambiare a seconda delle promozioni o del ciclo di vita del prodotto.

Essa deve tenere conto di una serie di vincoli e variabili, sia tra i produttori che tra i consumatori: prezzo di costo, immagine del prodotto, costi di distribuzione, elasticità del prezzo (cioè l'impatto di una variazione di prezzo sulla domanda dei consumatori), condizioni di concorrenza (monopolio, oligopolio, concorrenza, ecc.).

Politica di distribuzione

La P di "luogo" (place) corrisponde alla politica di distribuzione.

Si tratta di:

- canali di distribuzione

- reti di distribuzione

- assortimento

- luoghi

- disponibilità

- trasporto

- logistica.

L'azienda ha il dovere di creare e mantenere la rete di distribuzione, nonché di scegliere i punti vendita (i propri negozi o distributori) che saranno responsabili della presentazione del prodotto, della disponibilità a scaffale, dell'offerta di promozioni o della consulenza ai clienti.

Politica di comunicazione

La quarta P, "promozione", riguarda la comunicazione.

La politica di comunicazione comprende principalmente:

- pubblicità
- marketing diretto o nei punti vendita
- relazioni pubbliche
- sponsorizzazione

Paradossalmente può, in qualche misura, influire sul prezzo (premi, coupon o offerte speciali a tempo limitato, per esempio), ma rimane un atto di comunicazione e non una politica di prezzo.

L'interdipendenza di queste politiche

Il team di marketing deve garantire che queste decisioni siano prese tenendo conto degli intermediari della distribuzione e dei clienti finali, mentre il marketing manager è responsabile di comprendere le esigenze e le aspettative dei clienti e di fornire un'offerta o una soluzione. Egli informa i clienti e sceglie un prezzo in linea con il valore percepito del prodotto. Deve, poi, determinare i punti vendita in cui distribuire il prodotto.

Per le quattro politiche, ogni decisione deve essere presa pensando ai consumatori target e al posizionamento che l'azienda ha scelto di adottare. Inoltre, è necessario considerare anche altre aree, poiché se queste decisioni vengono prese separatamente, non sono di alcun interesse. Infatti, il punto di forza del marketing mix è la combinazione di tutti gli elementi a disposizione dei marketer.

La relazione tra prezzo e prodotto è essenziale, ma non la più importante. Tutti gli elementi del marketing mix hanno un'influenza sugli altri. Ad esempio, il prezzo deve tenere conto di molte variabili, tra cui le altre P, ossia la marca, la distribuzione e la rete di comunicazione. Anche la promozione o la distribuzione possono influenzare il prezzo di vendita. Nel 1979, Paul Farris e David Reibstein hanno esaminato le relazioni tra le variabili per determinarne l'influenza. Così, un marchio di qualità standard, con un forte sostegno pubblicitario, può facilmente aumentare il prezzo dei suoi prodotti. Anche la distribuzione ha un'influenza fondamentale sulla politica dei prezzi. Ad esempio, un'azienda non può stabilire i propri prezzi senza sapere se il prodotto sarà distribuito direttamente dal marchio o attraverso un intermediario, che può essere un piccolo rivenditore o una grande distribuzione. Queste scelte hanno un impatto indiretto sui costi di distribuzione, che sono una variabile fondamentale della politica dei prezzi. In breve, le variabili sono interdipendenti.

LIMITAZIONI ED ESTENSIONI

LIMITI E CRITICHE

Una gestione efficace del marketing mix creerà valore per l'azienda agli occhi dei suoi clienti. Pertanto, la condizione più necessaria è quella di conoscere il target e definire il posizionamento del marchio sul mercato. La pianificazione strategica consiste nel gestire tutti questi dati con gli elementi del marketing mix. Stabilire un modello utilizzando i principi di questa teoria non è sufficiente se non è già stato effettuato uno studio del mercato target.

La maggior parte dei critici del modello fa riferimento alle 4 P, piuttosto che al marketing mix in sé. Quest'ultimo, nella sua più ampia definizione, consiste negli "strumenti operativi di marketing" che consentono alle aziende di indirizzare il proprio mercato e di ottenere i benefici attesi (Kotler et al, 2009: 29). È difficile criticare il marketing mix in sé; più spesso le critiche sono rivolte al modo in cui lo si affronta.

Gli autori che hanno criticato le 4 P, in genere, suggeriscono che questo sistema di classificazione dovrebbe essere migliorato. Louis Michel Chevalier e Pierre Dubois, nel loro libro sul marketing, hanno avanzato l'idea che le 4 P non riflettono la marca del prodotto, che è un legame tra la politica di prodotto e quella di comunicazione. Nel modello presentato da McCarthy e poi ripreso da Kotler, invece, il nome della marca fa parte della politica di prodotto. Michel Chevalier e Pierre Louis Dubois sostengono inoltre che, sebbene il marketing mix debba considerare contemporaneamente le 4 P, le diverse politiche affrontate non sono quasi mai gestite dalla stessa persona. Infatti, il modello di marketing mix viene presentato come un insieme, il che suggerisce che un'unica persona o un solo team prenda tutte le decisioni. Tuttavia, i suoi componenti appartengono spesso a settori diversi dell'azienda. Così, la politica di prodotto può provenire da un amministratore delegato o dai servizi di innovazione, mentre quella di comunicazione è gestita dai servizi di comunicazione.

Infine, dobbiamo essere consapevoli che il marketing mix è solo uno strumento generale che ci aiuta nel processo decisionale. Se si analizzano i dettagli di ogni politica, ci sono altri concetti più specifici da padroneggiare. Ad esempio, la politica dei prezzi richiede una maggiore conoscenza di concetti come i tassi di ritorno o il valore percepito.

MODELLI CORRELATI

Le 7 P

Per compensare le carenze del modello delle 4 P, alcuni autori raccomandano l'aggiunta di nuove componenti. Il più noto di questi modelli è il 7 P (1981) di Bernard H. Booms e Mary Jo Bitner, che integra le 4 P definite da McCarthy, aggiungendo persone, processi e prove fisiche.

- Le "persone", come intese dalle 7 P, non rappresentano i clienti dell'azienda, ma il personale che attua le strategie di marketing. La loro influenza è importante, perché sono in contatto con i potenziali clienti. La reputazione e l'immagine dell'azienda sono nelle loro mani e sono viste dai loro occhi. Le "persone" sono uno dei pochi elementi del marketing mix con cui i clienti possono interagire.

- Il termine "processo" si riferisce al modo in cui l'operatore di mercato fornisce un servizio clienti efficace e adeguato. Questo può includere il servizio clienti, la consulenza, gli orari di apertura o anche la consegna a domicilio. È un modo per costruire la fedeltà al marchio.

- Per "prove fisiche" si intendono le componenti fisiche del negozio, come le vetrine o l'organizzazione degli scaffali, per i prodotti tangibili.

Possiamo criticare il contributo concettuale di queste tre P aggiuntive, poiché le idee che rappresentano possono essere incluse nelle 4 P originali di McCarthy. "Processo", in senso lato, è legato al concetto di prodotto. Le "persone" sono essenzialmente legate al prodotto e alla promozione. L'"evidenza fisica" è compresa, almeno in parte, nella promozione.

La S

Vengono proposte anche altre P:

- Philip Kotler, in *Principi di marketing* (1986) suggerisce di aggiungere "potere politico" e "opinione pubblica";

- Claudio Vignali e B. J. Davies, in "The Marketing Mix Redefined and Mapped: Introducing the MIXMAP Model" (1994), propongono di aggiungere una "S" per "servizio".

I settori aggiunti al modello di base consentono spesso di migliorare il marketing mix nel settore dei servizi. Secondo gli insegnamenti, questo vale anche per il "posizionamento", il "packaging", la "partecipazione" o la "personalizzazione", che compaiono soprattutto nelle tecniche del web 2.0 e del marketing 2.0.

Le 4 C

Un modello parallelo alle 4 P, chiamato le 4 C, è emerso anche per affrontare una delle principali critiche al modello di McCarthy, ovvero la prospettiva distorta verso il marketer a scapito dell'acquirente. Robert F. Lauterborn ha costruito le 4 C partendo dalle 4 P e ha presentato il concetto in *New Marketing Litany: Four Ps Passé, C-Words Take Over* (1990): secondo l'autore esse sono focalizzate più sul cliente che sul prodotto. Questo modello ha senso se si considera che l'obiettivo del marketing è soddisfare le esigenze dei clienti.

Le 4 C sono:

- **Consumatore:** la politica di prodotto diventa la soluzione offerta al consumatore. Dobbiamo offrire ai clienti ciò che realmente cercano e, per farlo, studiare il loro comportamento d'acquisto.

- **Costo:** la politica dei prezzi rappresenta il costo per il consumatore. In realtà, il prezzo è solo una parte del costo che il cliente è disposto a pagare. Il costo comprende il prezzo di acquisto, ma anche il costo di approvvigionamento, di utilizzo e di abbandono di un prodotto e il costo degli accessori del prodotto.

- **Comunicazione:** si tratta ora della comunicazione pura, che è più collaborativa e tende a creare un dialogo tra l'azienda e il potenziale cliente. L'obiettivo è che essa non derivi solo dall'azienda, ma anche dal contatto con i clienti.

- **Convenienza:** invece di stabilire strategie di distribuzione, il marketer si mette nella posizione del cliente per capire quali sono le possibilità di accesso per consentirgli di acquistare il prodotto. Con l'arrivo e il successo di Internet, considerare questo elemento è diventato sempre più importante.

APPLICAZIONE PRATICA

CONSIGLI E SUGGERIMENTI

Il marketing mix può aiutare a prendere decisioni nell'ambito di una nuova offerta sul mercato o della verifica di una esistente. Va da sé che occorre innanzitutto identificare l'oggetto da analizzare, che si tratti di un prodotto, di un servizio o di un marchio, ad esempio.

Prima di costruire o analizzare la strategia di marketing basata sulle 4 P o su un modello correlato, l'azienda deve definire il proprio mercato di riferimento. A tal fine, deve condurre uno studio che le consenta di comprendere meglio le aspettative dei consumatori e di posizionarsi di conseguenza.

Inoltre, è necessario effettuare un'analisi interna ed esterna dell'azienda per determinare la segmentazione del mercato (divisione del mercato in gruppi omogenei di consumatori in base alle loro esigenze, caratteristiche o comportamenti).

La società segue quindi uno o più segmenti del mercato e sceglie un target di marketing (segmenti selezionati in base all'interesse strategico che rappresentano per l'azienda).

Una volta stabilito l'obiettivo, si può definire il suo posizionamento, cioè collocare il prodotto tra i concorrenti.

Si noti che i consumatori sono al centro dell'approccio di marketing. È per questo motivo che il modello delle 4 C viene spesso preferito alle 4 P, anche se qui le variabili sono semplicemente discusse da un'altra angolazione.

Per stabilire la strategia di marketing mix, l'azienda deve rispondere a una serie di domande per ogni componente del modello.

Determinare gli attributi del prodotto/servizio

Il primo passo consiste nel determinare gli attributi del prodotto o del servizio. Per farlo, dobbiamo porci le seguenti domande:

- Cosa si aspetta il consumatore dal prodotto o dal servizio?

- Quali sono gli attributi necessari del prodotto per soddisfare queste aspettative?

- Come e in quale contesto il cliente utilizzerà il prodotto?

- Come si presenta il prodotto? Questa domanda comprende l'aspetto del prodotto stesso, ma anche la sua confezione.

- Qual è il nome e il marchio da dare al prodotto?

- In che modo il prodotto si differenzia da quello dei concorrenti?

- Qual è il prezzo di costo massimo affinché la vendita rimanga redditizia?

In questa prima fase, le domande sul prodotto sono simili a quelle che devono essere poste quando si considera la politica dei prezzi.

Determinare la politica dei prezzi

Il prezzo può essere fissato in base ai costi o al valore percepito del prodotto. Qualunque sia l'approccio scelto, deve essere in grado di rispondere alle seguenti domande:

- Qual è il valore del prodotto per il consumatore?

- Questo prodotto ha un prezzo base? Dove si posiziona rispetto alla concorrenza?

- Il prodotto ha un'elevata elasticità di prezzo? È possibile abbassare i prezzi per aumentare la quota di mercato? D'altra parte, un aumento del prezzo genererebbe maggiori profitti?

Determinare i mezzi di comunicazione

Per quanto riguarda la comunicazione, non si tratta solo di scegliere un approccio. Gli strumenti a disposizione dei marketer sono così numerosi che spesso un dipartimento speciale dedicato alla comunicazione si occupa di trovare il modo migliore per raggiungere il pubblico di riferimento, una volta individuato. Prima di stabilire una strategia, è fondamentale conoscere il target e la reazione desiderata, per scegliere il mezzo di comunicazione più adatto. La maggior parte degli investimenti per la comunicazione è dedicata alla pubblicità. Può trattarsi di campagne che utilizzano:

- stampa (generale o specializzata)

- social media

- TV

- radio

- cinema

- comunicazione via Internet.

Ricordate che anche se la promozione delle vendite è legata alla politica dei prezzi (campioni, premi, concorsi, coupon, ecc.), si tratta comunque di un'azione di politica di comunicazione.

All'elenco precedente si possono aggiungere altri strumenti, come ad esempio:

- relazioni pubbliche

- marketing diretto e interattivo (utilizzando la personalizzazione e l'interattività)

- marketing virale (spesso praticato su Internet)

- vendita (che comporta uno scambio interpersonale tra il marchio e il cliente).

È, inoltre, utile porsi le seguenti domande:

- Quali sono i modi più efficaci per raggiungere il pubblico di riferimento?

- Quando è il momento migliore per iniziare la promozione? Il mercato in cui opera l'azienda è stagionale?

- Quali sono le attività di comunicazione utilizzate dai concorrenti? Influenzano la scelta delle azioni?

Determinare i siti di distribuzione

Per quanto riguarda il "luogo", la strategia di distribuzione deve essere determinata in linea con le altre componenti del marketing mix. Il posizionamento del prodotto/servizio scelto in precedenza influenza inevitabilmente la decisione sulla modalità di distribuzione.

Anche "promozione" e "luogo" interagiscono se l'azienda sceglie di adottare una strategia push (basata sulla forza vendita e sulla rete di distribuzione) o una strategia pull (che si basa sulla comunicazione al consumatore e, in particolare, sulla pubblicità) nella sua politica di distribuzione.

 ## BUONO A SAPERSI: STRATEGIE PUSH E PULL

La strategia di distribuzione push è progettata per portare il prodotto al cliente. L'azienda utilizza la sua forza vendita e la sua politica di distribuzione per incoraggiare il cliente a scegliere il proprio prodotto. L'acquisto d'impulso ne è un buon esempio.

D'altro canto, la strategia pull consiste nell'attirare i clienti verso il prodotto. In questo caso, si ricorre generalmente alla comunicazione e alla pubblicità per incoraggiare il cliente a desiderare il prodotto.

Anche il prodotto stesso influenzerà le scelte: si tratta di un acquisto di routine o speciale? È un bene di prima necessità o di lusso? Tutte le variabili definite in precedenza vengono prese in considerazione in quanto influenzate dalla politica di distribuzione. Ad esempio, lo sviluppo di una propria rete di distribuzione influenzerà il prezzo e la comunicazione. Il marketer deve comunque essere in grado di rispondere a una serie di domande:

- Dove si recano i potenziali clienti per acquistare il prodotto?

- I clienti lo acquisteranno più facilmente in un negozio generico, in uno specializzato, online o addirittura per posta?

- Il sistema di distribuzione scelto è facilmente accessibile?

- La gestione di una forza vendita è necessaria?

- Cosa fanno i concorrenti? Come si può adattare o differenziare il modello?

CASI DI STUDIO

In questo caso di studio, presentiamo due aziende che si sono affidate alla strategia di marketing mix di McCarthy. Il primo, dedicato alla catena di negozi tedesca Aldi, è tratto da *The Times 100, Business Case Studies* e mostra come, in un settore molto competitivo, un prodotto non necessariamente innovativo possa prevalere e creare valore attraverso una strategia efficiente degli altri elementi del marketing mix.

Il secondo deriva da una conversazione tra Alain Afflelou, Stephen Gless e Dominique Lichel (*L'Entreprise*, ottobre 2006) e da un articolo di Baptise Diebold (2006). Questa analisi porta alla luce la potente strategia di marketing creata da Afflelou, che innova in ogni area del marketing mix.

Aldi – creare valore attraverso il marketing mix

Dalla sua fondazione nel 1913, Aldi è riuscito ad affermarsi come uno dei maggiori rivenditori europei. Il suo scopo originario era quello di fornire ai clienti i prodotti che acquistano regolarmente, venduti con il proprio marchio Aldi, a prezzi competitivi. Nella strategia di marketing di questa azienda, i diversi elementi del marketing mix sono tutti allineati. L'innovazione non è data dal prodotto, ma dal modo in cui le 4 P sono strutturate per creare una vera e propria strategia di marketing mix

Aldi cerca di offrire una grande varietà di prodotti di qualità standard, venduti con il proprio marchio. La prima "P" al centro della strategia aziendale è il "prezzo". Per offrire prodotti più economici rispetto ai suoi concorrenti, l'azienda basa la sua politica sull'ottimizzazione dei costi e adatta le altre "P" a questo obiettivo.

I prodotti vengono acquistati in grandi quantità e si spendono pochi soldi per la loro valorizzazione (packaging, marchio, ecc.).

A livello di distribuzione, l'azienda cerca ancora una volta di ridurre i costi limitando gli scaffali e gli espositori nei punti vendita. Per quanto riguarda l'ubicazione dei negozi, vengono presi in considerazione quattro criteri:

- il numero di persone che visitano o vivono nell'area;

- bassa concorrenza: Aldi si trova generalmente al di fuori dei centri urbani e in luoghi con una buona visibilità dalla strada principale, con una concorrenza circostante minima;

- l'accessibilità del negozio, anche attraverso i trasporti pubblici;

- un numero sufficiente di posti auto.

La comunicazione dell'azienda si concentra sulla fidelizzazione dei clienti e rafforza il messaggio delle politiche di prezzo e di prodotto: I prodotti Aldi sono della stessa qualità di quelli delle grandi marche, ma più economici. Per questo motivo, nei negozi vengono distribuiti opuscoli promozionali per incoraggiare i clienti a tornare. Oltre ai media, l'azienda si concentra anche sulle relazioni pubbliche, sulle mailing list, sulla gestione dei social network e sulle azioni che mettono in risalto i propri prodotti attraverso una fonte esterna all'azienda. A tal fine, Aldi partecipa a numerosi concorsi annuali di prodotto. Vincere questi concorsi le permette di aumentare la sua visibilità, ma anche la sua credibilità, dal momento che una terza parte neutrale ha definito i suoi prodotti come i migliori.

Aldi ha un approccio di vendita dettagliato che le dà un vantaggio in un mercato molto competitivo. L'equilibrio raggiunto attraverso il marketing mix consente di offrire prodotti di buona qualità ai prezzi più bassi possibili. La sua politica di comunicazione le permette di migliorare l'immagine dei suoi prodotti enfatizzandone i prezzi. Infine, la politica di posizionamento consente di non aumentare i costi di distribuzione. Non sembra che siano state apportate grandi innovazioni nel prezzo, nel prodotto, nel luogo o nella promozione, ma l'equilibrio tra queste quattro politiche ha permesso ad Aldi di trovare il proprio posto nel mercato.

Afflelou – un successo basato sull'innovazione dei diversi elementi del mix

Alain Afflelou aprì il suo primo negozio nel 1970 a Bordeaux. Nel 1984, la catena contava già quasi 100 franchising. Nel 2012, il marchio aveva 722 negozi in tutta la Francia e più di 1000 in totale. Questo successo deriva dal fatto che il marchio è riuscito a innovare in ciascuna delle aree del marketing mix.

- Prodotto: Afflelou ha sempre offerto innovazioni nel campo degli occhiali e delle lenti a contatto, ad esempio con occhiali praticamente indistruttibili. Per i clienti di età superiore ai quarant'anni, il marchio ha lanciato "Forty", una confezione di quattro occhiali che consentono di vedere da vicino. Questi prodotti non sembrano rivoluzionari, eppure il marchio è stato il primo a proporli.

- Prezzo: Afflelou è stato il primo marchio a proporre occhiali a prezzi stracciati, compresa la promozione "Chin-Chin", che offriva un secondo paio per un euro in più. Il rapporto prezzo-prodotto sarebbe già stato sufficiente, ma la strategia di marketing mix completa ha garantito all'azienda una posizione di mercato davvero dominante.

- Luogo: il marchio ha innovato anche nel campo della distribuzione. Infatti, dispone di una propria rete di distribuzione, ma i suoi negozi sono stati anche i primi ad avere espositori a telaio ad accesso libero.

- Promozione (comunicazione): il marchio destina una parte significativa del suo budget al dipartimento incaricato della promozione – che è certamente uno dei più grandi del settore – e utilizza le sponsorizzazioni (partner del torneo di tennis French Open e della squadra di calcio Paris Saint-Germain).

L'azienda ha messo a punto una strategia innovativa in ogni elemento del marketing mix, garantendo al contempo la coerenza tra di essi.

Conclusione

I casi di Aldi e Afflelou sono molto diversi. Per il primo, il successo della strategia dipende dalla coerenza tra le quattro politiche. Nel caso di Afflelou, il successo deriva dall'innovazione in ogni area del marketing mix. Al di là del fatto che il marketing mix fornisca all'azienda gli strumenti per raggiungere i propri obiettivi, il modello spinge gli addetti al marketing a pensare alla propria strategia nel suo complesso.

SINTESI

- Il marketing mix fornisce agli specialisti una serie di strumenti che consentono di prendere decisioni in relazione al mercato definito.

- Obiettivo: il marketing mix viene utilizzato per lanciare un nuovo prodotto sul mercato o per testare una strategia di marketing esistente.

- Le 4 P: proposto da McCarthy nel 1960, questo modello comprende gli strumenti del marketing mix in quattro categorie: prodotto, prezzo, luogo (distribuzione) e promozione (comunicazione).

- Teorici: Neil Borden ha introdotto il concetto di marketing mix (1948) e McCarthy ha sviluppato il concetto delle 4 P (1960).

- Contesto: il marketing mix è emerso nel contesto dell'ascesa del consumo di massa.

- Componenti: prodotto, prezzo, luogo, promozione.

- Vantaggi: il marketing mix riassume in modo chiaro tutti gli strumenti a disposizione degli addetti al marketing per prendere decisioni.

- Limiti: il marketing mix è un approccio completo alla strategia di marketing, ma è necessario utilizzare altri strumenti quando si lavora su una strategia approfondita. Le decisioni relative alle diverse politiche sono spesso il risultato di diverse persone o servizi e questo rende difficile mantenere la coerenza tra le 4 P.

- Estensioni: spesso vengono aggiunte tre P (persone, processi e prove fisiche) per completare le quattro P del modello di McCarthy. Le 4 C (consumatore, costo, comunicazione, convenienza) sono un'altra variante del concetto, che si concentra maggiormente sul cliente.

- Suggerimento: prima di prendere decisioni sulle 4 P, l'azienda deve essere sicura di conoscere il mercato target in cui vuole posizionarsi.

ULTERIORI LETTURE

BIBLIOGRAFIA

Il sito web di Alain Afflelou: http://www.alainafflelou.fr/

Armstrong, G. e Kotler, P. (2007) *Principes de marketing.* [8ª edizione]. Parigi: Pearson Education.

Booms, B. H. e Bitner, M. J. (1981) Strategie di marketing e struttura organizzativa per le imprese di servizi. In Donnelly, J. e George, W. R. *Marketing of Services.* Chicago: American Marketing Association. pp. 47-51.

Borden, N. H. (1964) Il concetto di marketing mix. *Journal of Advertising Research.*

Casi di studio aziendali. (Senza data) Creare valore attraverso il marketing mix, un caso di studio di Aldi. *The Times 100 Case Studies.* [Online]. [Consultato il 22 maggio 2014]. Disponibile da: < http://businesscasestudies.co.uk/aldi/creating-value-through-the-marketing-mix/introduction.html#axzz4S2tz9DPH>

Byrne, K. (2004) Gestire il marketing mix. *Chartered Accountants Journal.*

Chevalier, M. e Dubois, P. L. (2009) *Les 100 mots du marketing.* Parigi: PUF.

Demos. (2012) *Le marketing mix ou mix marketing, de la stratégie à l'opérationnel.* Parigi: Demos.

Diebold, B. (2006) Afflelou entrevoit la vie sans Alain. *Sfide.* Volume 29.

Faris, P. e Reibstein, D. (1979) Come sono collegati prezzi, spese e profitti. *Harvard Business Review*. [numero di novembre/dicembre]. pp. 173-184.

Kotler, P. (1986) *Principi di marketing*. [3ª edizione]. Upper Saddle River (New Jersey): Prentice Hall.

Kotler, P., Keller, K., Manceau, D. e Dubois, B. (2009) *Marketing Management*. [13ª edizione]. Parigi: Pearson Education.

Lauterborn, R. F. (1990) Nuova litania del marketing: Le quattro P passano, le parole C prendono il sopravvento. *Advertisng Age*. 61(41).

Magrath, A. J. (1986) Quando si commercializzano i servizi, le 4P non sono sufficienti. *Orizzonti del business*. 29(3), pp. 45-50.

Maillet, T. (2010) *Le Marketing et son histoire ou le Mythe de Sisyphe réinventé*. Parigi: Pocket.

McCarthy, J. E. (1960) *Basic Marketing : A Managerial Approach*. Homewood (Illinois): R.D. Irwin.

Pariot, Y. (2011) *Les Outils du marketing stratégique et opérationnel*. [2ª edizione]. Parigi: Eyrolles.

Van den Bulte, C. e van Waterschoot, W. (1992) La classificazione delle 4 P del marketing mix rivisitata. *Journal of Marketing*, pagg. 83-93.

Vogliamo conoscere la vostra opinione!
Lasciate un commento sulla vostra biblioteca online
e condividete i vostri libri preferiti sui social media!

IMPROVE YOUR GENERAL KNOWLEDGE
IN THE BLINK OF AN EYE!

Master ISBN: 9782808064743
ISBN cartaceo: 9782808065030
Deposito legale: D/2022/12603/90

Design digitale: Primento,
il partner digitale degli editori.